Mustapha Guenaou

Souvenirs d'une recherche scientifique collaborative:

Mustapha Guenaou

Souvenirs d'une recherche scientifique collaborative:

Culture et littérature dans le dialecte au Maghreb L'exemple du vocabulaire populaire d'Aìn El Hûts

Éditions Muse

Imprint
Any brand names and product names mentioned in this book are subject to trademark, brand or patent protection and are trademarks or registered trademarks of their respective holders. The use of brand names, product names, common names, trade names, product descriptions etc. even without a particular marking in this work is in no way to be construed to mean that such names may be regarded as unrestricted in respect of trademark and brand protection legislation and could thus be used by anyone.

Cover image: www.ingimage.com

Publisher:
Éditions Muse
is a trademark of
Dodo Books Indian Ocean Ltd. and OmniScriptum S.R.L publishing group

120 High Road, East Finchley, London, N2 9ED, United Kingdom
Str. Armeneasca 28/1, office 1, Chisinau MD-2012, Republic of Moldova, Europe
Printed at: see last page
ISBN: 978-620-4-96424-9

Mustapha Guenaou

Souvenirs d'une recherche scientifique collaborative : culture et littérature dans le dialecte au Maghreb.

L'exemple du vocabulaire populaire d'Ain El Hûts

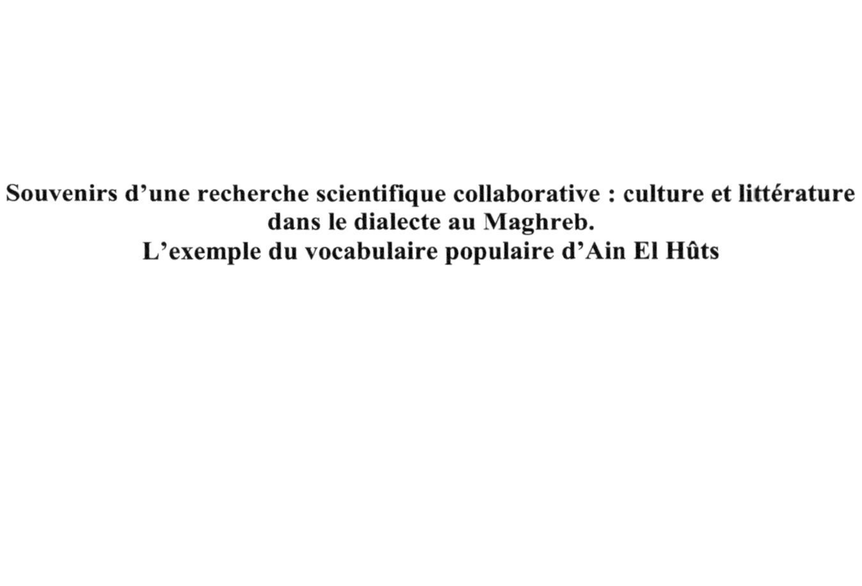

Souvenirs d’une recherche scientifique collaborative : culture et littérature dans le dialecte au Maghreb.
L’exemple du vocabulaire populaire d’Ain El Hûts

Introduction

Dans le cadre de cette publication, nous voulons faire valoir plusieurs points qui touchent :

- Les souvenirs d'une recherche scientifique collaborative
- La culture et la littérature dans le dialecte au Maghreb
- L'usage du vocabulaire d'Ain El Hûts

Elle a pour objectifs les intérêts, liés à la recherche scientifique d'une part et à l'Histoire et à la Mémoire d'une localité particulière ou singulière par son riche passé socio culturel, voire l'origine de sa population d'autre part.

Nous parlons d'Ain El Hûts, ayant pour allonyme Blèd Eshorfa W l M'rabtine. D'ailleurs, plusieurs articles et ouvrages font preuve pour mettre en valeur le passé de cette localité.

Par ailleurs, nous cherchons également à rendre hommage à Taleb Mohamed Nour Eddine, un spécialiste du dialecte algérien. Décédé à la suite d'une maladie, cet enseignant - chercheur travaillait le dialecte de l'ouest algérien ,un champ de recherche interpellant en raison de l'indigence des travaux sur les dialectes algériens, et plus particulièrement la région de l'ex Oranie.

Nous avions une relation d'ordre amical d'une part et d'ordre scientifique d'autre part. Nous allons publier dans le cadre de cette publication notre collaboration à travers une investigation, portant sur le thème de dialecte de la localité que nous étudions.

Nous essayons, également, à donner plus d'information sur l'Histoire et la Mémoire de l'usage d'un terme géo-territorial dans la culture, la recherche et les sciences sociales et humaines : le hawz.

D'ailleurs, nous essayons de rappeler quelques-unes de nos publications relatives à Ain El Hûts que vous allez retrouver à la fin de cette publication.

Ecrit sur Taleb Nour Eddine , un spécialiste du dialecte algérien

Le dialecte est un phénomène social, très répandu à travers tout le territoire national. Il est issu d'une langue parlée mais avec des variations linguistiques qui se différencient les unes des autres. Etant un sujet important dans le quotidien de l'Algérien, le dialecte algérien incite les chercheurs à s'intéresser à ce phénomène socio culturel et national. D'ailleurs, nous avons rencontré Docteur Taleb Mohamed Nour Eddine, enseignant à l'Université d'Oran Es Sénia , qui a bien voulu nous présenter et d'éclaircir ce phénomène qui se trouve lié à la communication entre les individus.

« Etant un phénomène social d'ordre particulier, dit-il, la langue évolue selon ses propres lois. Mais en tant que telle, la langue est un moyen de communication propre à l'être humain, qui l'acquit progressivement depuis son enfance grâce au contact continu de son entourage »

Il avait insisté sur le travail de V.N. Pérétroukhine , auteur de « Introduction à la linguistique générale » qui avait dit :« nous ne pouvons comprendre une langue et les lois qui régissent son développement que si elle est étudiée en étroite relation avec l'histoire de sa société. »

La recherche lui permit non seulement de se rapprocher du parler populaire d'une langue, appelée aussi dialecte mais d'approfondir ses connaissances, déjà acquises. Il est arrivé à s'intéresser au travail d'ethnologues. Ces derniers « ont essayé de définir l'origine des anciens habitants du pays, prétendant qu'ils sont de race sémitique, indo – européenne et autre,….(et que)…des historiens qui , preuves à l 'appui, désignent l'Afrique du Nord comme l'un des berceaux de l'humanité. »

Pour l'histoire du peuple algérien, il rappela que plusieurs ethnies auraient occupé l'Afrique du Nord pour laisser quelques traces de leurs langues dans le parler ou dialecte algérien.

« Ces ethnies, en dépit de la diversité si flagrante de leurs genres de vie , dit il ,montraient des éléments originaux d'une grande unité humaine qui se traduisait surtout dans le champ linguistique. Bien sûr, cette unité linguistique ne se traduisait pas par l'emploi d'une langue rigoureusement identique à elle-même à travers l'Afrique du Nord toute entière, mais vraisemblablement par l'usage de dialectes proches les uns des autres, dont l'ensemble constitue l'un des groupes de la famille des langues sémito –chamitiques. »

Parlant des langues anciennes qui sont à l'origine des parlers berbères, il avait insisté sur leur maintien dans les régions montagneuses, difficilement accessibles aux étrangers et conquérants.

Dans la phonétique, il avertit les chercheurs pour écouter attentivement les personnes parler afin de déceler l'accent qui permet non seulement de prêter l'attention de bien écouter. D'ailleurs, il avait utilisé un matériel pour analyser et donner son point vue sur l'usage du parler algérien.

« Après enregistrement, dit-il , de différentes séquences de discussions dans deux milieux différents, l'un berbère, l'autre arabe (dialectal) et après comparaison, le résultat était que l'intonation, mis à part le contenu des phrases, était presque identique.

La langue parlée par les anciens habitants de l'Algérie, comme nous l'avons déjà dit, était simple. Elle s'est développée par le temps et a subit des transformations sous l'influence des langues avoisinantes et celles des peuples qui ont envahi le pays. »

Son apport dans la recherche scientifique le poussa à aller plus loin et chercher dans les travaux de ses aînés et des historiens pour pouvoir rappeler le parcours de langue et le dialecte algérien.

Il parlait, également, du « bilinguisme archaïque », composé de langues berbère et phénicienne. Il avait, selon notre interlocuteur, donné naissance à une autre langue, un parler ou un sabir, « composé d'un mélange de mots et structure berbéro phéniciennes ….(qui sera plus tard) punique »

Il avait soutenu l'idée que la langue n'a pas pu disparaître puisqu'elle aurait laissé quelques traces linguistiques.

Dans sa discussion, « le dialecte algérien, dit –il , se distingue par sa composante consonantique dans la quelle manquent plusieurs phonèmes par rapport à la langue arabe…..La langue punique qui se distingue , elle aussi, par ses vingt-deux consonnes est-elle même dépourvue de ces phonèmes. Ceci est un fait qui explique peut-être une liaison directe entre le dialecte algérien et cette dernière langue. »

Le retour aux sources est nécessaire pour faire reconnaître l'approche historique des peuples qui se sont succédés, des siècles durant, en Algérie. Les autochtones, les Berbères, les Phéniciens, les Romains, les Grecs, les Vandales, les Arabes et plus tard les Turcs et les Européens.

Chercheur averti, Docteur Taleb Mohammed Nour Eddine parle, avec insistance, sur le phénomène d'influence des langues et prend en exemple la langue arabe. Si l'influence était rapide, l'usage d'un vocabulaire est devenu de rigueur , presque à travers tout le territoire algérien.

Après les Arabes, d'autres peuples , en plus des Ottomans , se sont succédés en Algérie , et en particulier les Européens dont les Espagnols à Oran et les Français à travers tout le territoire national.

Ses recherches aboutirent à une liste d'emprunts berbères dans le parler algérien dont :

-« sekkoum » (asperges !) ,
-« feroudj » (coq !),
-« berkoukèss » (plomb !).

Les traces latines se retrouvent dans un corpus lexical, constitué d'un grand nombre de vocables dont :

-« qadouss » (conduite d'eau et buse !) ,
-« fornak » (four !) ,
-« ferka » (fourche !) ,
-« satla » (petit sceau à usage domestique et rituel !) ,
-« sfendj » (beignets !).

Les hispanismes sont très fréquents dans toute l'Oranie :

- « Boguado » (avocat !) ,
- « barraka » (la baraque !) ,
- « blouza » (blouse !) ,
- « berréta » (béret !) ,
- « boota » (fût !) ,

- « boubina » (bobine !) ,
- « kasrona » (casserole !) ,

Les emprunts de la langue française sont très nombreux dont :

- « koorba » (corbeille !) ,
- « cantina » (cantine !)

Les emprunts de la langue turque sont de deux types.

*Le premier retient les vocables dont :

- « kefta » (viande hachée !) ,
- « bakchich » (pourboire !),
- « denjèl » (aubergines !) ,
- « zorna » (ghaïta !).

*Le second est lié à l'usage d'un suffixe pour désigner les métiers dont :

- « sfendji » (préparateur , vendeur de beignets !) ,
- « kahouadji » (garçon de café !)

Par ailleurs, il avait insisté sur un autre phénomène, lié aux mots voyageurs dans le sens où certains mots passèrent d'une langue à une autre. A cet effet, il prit l'exemple des mots d'origine arabe retrouvés dans le dialecte algérien par le biais des hispanismes :

- « diouana » (la douane !) ,
- « kmadja » (chemise !)
- « cherbète » (jus !) .

Dans sa propre analyse , il voit que l'Algérie ou plutôt la société algérienne avait traversé des étapes successives , mais importantes , pour arriver à l'actuelle situation politico sociale , source de changement de vision de la société et la manière de revoir l'évolution d'un peuple , ayant connu d'autres situations dans les domaines socio culturel et économique.

Dans le milieu social, apparaît la langue, un sujet important pour la recherche scientifique. D'ailleurs, des unités de recherche se penchent, essentiellement, sur le phénomène de la culture populaire à travers tout le territoire national.

Parlant du discours politique, la décision politique était orientée vers la langue arabe, devenue par la constitution nationale, la langue nationale et la langue officielle.

Des commissions furent créées dans le sens de l'appliquer à tous les niveaux de l'administration algérienne et dans tous les domaines.

Depuis, quelques années, le dialecte est devenu un sujet de grande importance dans les milieux populaires et universitaires. Il s'agit, en premier lieu, le berbère en tant dialecte dont son origine remonte au Tifinegh. Des travaux et des interrogations se sont posées sur la généralisation de ce parler qui fit couler beaucoup d'encre, en Algérie et à l'étranger.

Pour une analyse, purement scientifique, Docteur Mohamed Nour Eddine Taleb insiste sur l'exclusion des penchants sentimentaux, politiques et de la « qaoumiya » pour pouvoir répondre à la demande populaire.

Se basant sur le principe de la considération politique de la langue arabe comme langue nationale et langue officielle par les documents politiques , à savoir la charte et la constitution , il se pose la question sur le rejet des parlers locaux du champ politique de la langue nationale.

A cet effet, faut-il penser que les parlers soient des langues non nationales ? Pour cela, il pose le problème des paramètres et des principes d'évaluation et de détermination pour une meilleure définition des vocables ou concepts « langue » et « dialecte ».

Pour notre chercheur, la langue est liée au lieu de l'usage et de compréhension afin qu'elle puisse jouer, pleinement, le rôle et les fonctions de la communication.

La question de la relation entre l'Homme, qu'il soit une femme ou un homme, et sa langue est très importante puisqu'il prend l'exemple d'une personne , née en Algérie où elle aurait acquis une certaine culture ; puis elle émigre en France , pays où elle aurait acquis d'autres éléments culturels , linguistique , socio –éducatifs.

« Pourrons nous, dit –il, trancher dans la question relative à cette personne qui aurait, des années durant, acquis une autre mentalité : algérienne ou française ? »

La notion de « watan » nécessite, pour notre interlocuteur, un temps de réflexion pour pouvoir s'aventurer dans la définition de langue nationale et faire la part des choses entre un dialecte et une langue en général.

Il puise, du patrimoine populaire, le vocable « °hadra »pour désigner le parler ou le dialecte ; alors qu'en vérité ce vocable est d'origine arabe dont le verbe signifie « parler ».

Dans l'usage des synonymes du vocable « °hadra » , il rappelle :

- « ellahdja el âamiya »(l'accent populaire !) ,
- « ellahdja eda'rija » (la langue parlée !) ,
- « ellahdja Echa'i'a » (le parler répandu !)
- « ellougha el âa'miya » (la langue populaire !) ,
- « edda'rija » (le parlé !) ,
- « ellougha elmahkiya » (la langue de narration !) ,
- « loughet echchâab » (la langue du peuple !) ,
- « el arabiya el âamiya » (l'arabe populaire) ,
- « el kalam el âami » (l'expression populaire !) ,
- « el kalam edda'rij » (l'expression parlée)
- « el °hadra eldjazairiya » (le parler algérien !)

De cette liste ressort, selon le chercheur, la relation étroite entre les concepts : « langue » et « dialecte ».

La langue reste définie par ses lois, vulgarisées par des chercheurs, quant au dialecte, il demeure défini par sa composition et sa représentation sociale, culturelle et linguistique dans un milieu social déterminé.

Modeste contribution

Aânbar (ottoman)

Abenabadji(ottoman)

Agha (ottoman)

Aghalik (ottoman)

A(q)ahouadji (ottoman)

Akh ! (ottoman)

qanoundji (ottoman)

qoutè (ottoman)

Arato (hispanisme)

qarftane (ottoman)

qazane (ottoman)

*Babass (*ottoman)

Babbouche (ottoman)

Babor(hispanisme)

Bach (ottoman)

Bacha(ottoman)

Bachadel(ottoman)

Bachagha(ottoman)

Bachalik(ottoman*)*

Bachkir (plur.bachakir) (ottoman)

Bachkir (ottoman*)*

Bachmaqdji(ottoman)

Bachmaq(ottoman)

Bachterzi (ottoman)

Bachtordjmène (ottoman)

Baga(hispanisme)

Bahlaouani(ottoman*)*

Bakkouche(ottoman)

Bala(hispanisme)

Bala(ottoman)

Balak ! (ottoman)

Ballaska(ottoman)

Ballota(hispanisme)

Balona(hispanisme)

Banda(hispanisme)

Banio(hispanisme)

Baqchich(ottoman)

Baqlaoua(ottoman)

Baratcho(hispanisme)

Barbo(hispanisme)

Barikha(hispanisme)

Barra(hispanisme)

Barraka(hispanisme)

Barréta(hispanisme)

Basqouldji (ottoman)

Basta(hispanisme)

Batayoun(hispanisme)

Bay(Anglicisme)

Bay(ottoman)

Baybay(Anglicisme)

Baylé(hispanisme)

Bazar (ottoman)

Bellara(ottoman)

Bénaké(hispanisme)

Benchraf(ottoman)

Bendaq(ottoman)

Bentoura(hispanisme)

Berchèm(ottoman)

Beu-qrèj (ou beuqrèdj) (ottoman)

Bey(ottoman)

Beylèk(ottoman)

Bezzèf(ottoman)

Biassa(hispanisme)

Biko(hispanisme)

Bitcha(ottoman)

Blaghdji (ottoman)

Blane(hispanisme)

Blaou(ottoman)

Blassa(hispanisme)

Bleuff (Anglicisme)

Bniqa (punique)

Bochta(hispanisme)

Bogado(hispanisme)

Bonéto(hispanisme)

Bonika(hispanisme)

Boniko(hispanisme)

Boss(Anglicisme)

Bota(ottoman)

Bouqal (ottoman)

Boudali(ottoman)

Boudjou(ottoman)

Bouffa(hispanisme)

Bouffo(hispanisme)

Boughyoul (ottoman)

Boulekbèch (ottoman)

Boulissiya(hispanisme)

Boumbadji (ottoman)

Bounta(hispanisme)

Bountou(hispanisme)

Bourak (ottoman)

Braniya (ottoman)

Cablé(hispanisme)

Cabsa(hispanisme)

Cafatira(hispanisme)

Calamar(hispanisme)

Cappotchino(italien)

Cara (hispanisme)

Carabèla (hispanisme)

Carabila(hispanisme)

Carico(hispanisme)

Cartakhenna(hispanisme)

Chahh(ottoman)

Chalgo(Anglicisme)

Chaouch(ottoman)

Chéchiya Kenbouche(ottoman)

Chehcheh(ottoman)

Cherbèts(ottoman)

Chich ! (ottoman)

Chiche kabeb(ottoman)

Chira(ottoman)

Chorba(ottoman)

Choucha(ottoman)

Cola(hispanisme)

Contra(hispanisme)

Corbata(hispanisme)

Couverta(hispanisme)

Covalawa(hispanisme)

Déblona(hispanisme)

Déblone(hispanisme)

Debza(ottoman)

Dennouche (ottoman)

Derbki(ottoman)

Derbouka(ottoman)

Derbouz (ottoman)

Derdara(ottoman)

Derrèz(ottoman)

Derwiche(ottoman)

Deryèss(ottoman)

Deutch(germanisme)

Dey(ottoman)

Dil(ottoman)

Dis(hispanisme)

Djabadouli(ottoman)

Djaketta(hispanisme)

Djengel(Anglicisme)

Djezoua(ottoman)

Dji (ottoman)

Dmir(ottoman*)*

Dolma(ottoman)

Doro(hispanisme)

Douzène(ottoman)

Drèz(ottoman)

Qfaldji (ottoman)

Q'habdji (ottoman)

Elcappon(italien)

Eylé(ottoman)

Fabréka(hispanisme)

Falso(hispanisme)

Falta(hispanisme)

Fama(hispanisme)

Famélia(hispanisme)

Fantaziya(ottoman)

Fartouna(hispanisme)

Fatcha(hispanisme)

Fatoura(hispanisme)

Fechta(hispanisme)

Fedbèk(Anglicisme)

Fendjel (ottoman)

Ferfouri(ottoman)

Fernaq(ottoman)

Ferran(ottoman)

Fertouna(hispanisme)

Fessyan(hispanisme)

Figoura(hispanisme)

Finga(hispanisme)

Flitcha(hispanisme)

Fnar(ottoman)

fniq(punique)

Fondo(hispanisme)

foot(Anglicisme)

Footing(Anglicisme)

Forma(hispanisme)

Frichka(hispanisme)

Frichko(hispanisme)

Frimla(ottoman)

Gana(hispanisme)

Ganchou(hispanisme)

Garagouz(ottoman)

Gharnaouet(ottoman)

Gosto(hispanisme)

Goumerdi (ottoman)

Goumrèd(ottoman)

Gourbi (ottoman)

Guouindir(hispanisme)

H'bèz(ottoman)

Habza(ottoman)

Hali (ottoman)

Halouadji(ottoman)

Hamamdji(ottoman)

Hamito(hispanisme)

Haouli(ottoman)

Harqous(grec)

Hayl(germanisme)

Italiano(italien)

Ka'âbouch(ottoman)

Kabbote(hispanisme)

Kabissa(hispanisme)

Kabous(grec)

Kalbo(hispanisme)

Kamèndja(ottoman)

Kantina(hispanisme)

Kara(ottoman)

Karaouzène(ottoman)

Karentika(hispanisme)

Karoucha(hispanisme)

Karro(hispanisme)

Karrossa(hispanisme)

Karrouche(hispanisme)

Karson(hispanisme)

Karta(hispanisme)

Kartofeln (germanisme)

Kasketa (hispanisme)

Kasouila(hispanisme)

Kefta(ottoman)

Kelbouza (kelbouz) (ottoman)

Kenbouch (ottoman)

Khaznadji(ottoman)

Khetano(hispanisme)

Khich(ottoman)

Khitana(hispanisme)

Khitano(hispanisme)

Khodja(ottoman)

Khorda(ottoman)

Khouandji(ottoman)

Khoundjar(ottoman)

Khourir(hispanisme)

Khririca(hispanisme)

Kouatro(hispanisme)

Koubaniya(hispanisme)

Kouloughli(ottoman)

Kourra(hispanisme)

Kourri(hispanisme)

Lama(hispanisme*)*

Lamouna(hispanisme)

Lar (ottoman)

Larga(hispanisme)

Largo(hispanisme)

Latcha(hispanisme)

Lentiriss(hispanisme)

Lerning(Anglicisme)

Létché(hispanisme)

Lettra(hispanisme)

Li (ottoman*)*

Lifjting(Anglicisme)

Likhiya(hispanisme)

Lista(hispanisme)

Look(Anglicisme)

Lou(Anglicisme)

Maâadnous(ottoman)

Macaronna(italien)

Madré(hispanisme)

Madrimia(hispanisme)

Mala(hispanisme)

Mango(hispanisme)

Manko(hispanisme)

Mano(hispanisme)

Maria(hispanisme)

Marina(hispanisme)

Mario(hispanisme)

Mariya(hispanisme)

Marka(hispanisme)

Massa(hispanisme)

Matcho(hispanisme)

Mengouch(ottoman)

Mer-youl(ottoman)

Mescoutsa(hispanisme)

M'quidèche (ottoman)

Mirda(hispanisme)

Mirou(hispanisme)

Missa(hispanisme)

Moréna(hispanisme)

Moréno(hispanisme)

Moro(hispanisme)

Moublis(hispanisme)

Moukha(hispanisme)

Moutchou(hispanisme)

Moutchou(ottoman)

Moutour(hispanisme)

Mtayèch(ottoman)

Mtcheubtcheub(ottoman)

Nana(ottoman)

Nichène(ottoman)

Nichènne(ottoman)

Nigrou(hispanisme)

Ninio(hispanisme)

Nouaârdji(ottoman)

Noutiriya(hispanisme)

Qomardji (ottoman)

Osmanli(ottoman)

Oullaymoun(hispanisme)

Padré(hispanisme)

Paéla(hispanisme)

Paloma(hispanisme)

Pata(hispanisme)

Pénior(hispanisme)

Pipa(hispanisme)

Pitzza(italien)

Plomo(hispanisme)

Poulpou(hispanisme)

Qadous(grec)

Ramita(hispanisme)

Raya(hispanisme)

Renguila(ottoman)

Rey(hispanisme)

Rissinbou(hispanisme)

Rokho(hispanisme)

Ronda(hispanisme)

Roppa(hispanisme*)*

Rouina(hispanisme)

R'yèl(hispanisme)

Sala(hispanisme)

Salpa(hispanisme)

Santa crouss(hispanisme*)*

Santo(hispanisme)

Sappa(ottoman)

Satla (ottoman)

Sbertina(hispanisme)

Sbitar(hispanisme)

Scaléra(hispanisme)

Schlata(hispanisme)

Scouila(hispanisme)

Sebssi(ottoman)

Sendjaq(ottoman)

Serdina(hispanisme)

Settout(hispanisme)

Settouta(hispanisme)

Show room(Anglicisme)

Simana(hispanisme)

Sinco(hispanisme)

Singel(Anglicisme)

Sinya(ottoman)

Sipiya(hispanisme)

Smoking (Anglicisme)

Socca(hispanisme)

Soldé(hispanisme*)*

Sonda(hispanisme)

Soppa(hispanisme)

Sotta(hispanisme)

Souâadji(ottoman)

Soukerdji(ottoman)

Souma(hispanisme)

Sprint(Anglicisme)

Stal (ottoman)

Stela(ottoman*)*

Tabouna(ottoman)

Tabssi(ottoman)

Taliani(italien)

Taoua(ottoman)

Tarta(hispanisme)

Tberchim(ottoman)

Tchabtchèq(ottoman)

Tchamba(hispanisme)

Tchanguel(ottoman)

Tcharèq(ottoman)

Tchato(hispanisme)

Tchboq(ottoman)

Tchemtchira(ottoman)

Tchenkla(hispanisme)

Tcheuptcheup ! (ottoman)

Tchico(hispanisme)

Tchiklate(hispanisme)

Tchippa(hispanisme)

Tchombo(hispanisme)

Tchouka(ottoman)

Techerchifa(ottoman)

Tendjir(ottoman)

Terbouch(ottoman)

Terbouch(ottoman)

Teuzdam(ottoman)

Tilt(hispanisme)

Tilto(hispanisme)

Tomobile(hispanisme)

Tin'ya(hispanisme)

Tobdji (ottoman)

Tomatèche(hispanisme)

Torta(hispanisme)

Trabakho(hispanisme)

Trabendo(hispanisme)

Trabenté (ottoman)

Trabenti(ottoman)

Trago(hispanisme)

Trinta(hispanisme)

Triss(hispanisme)

Tromba(ottoman)

Trombadji(ottoman)

Tsabani(ottoman)

Tsabnidja(ottoman)

Tsal(ottoman)

Tsarèchta(ottoman)

Tsassta(ottoman)

Tsberna(hispanisme)

Tseloua(ottoman)

Tzenqil(ottoman)

Vino(hispanisme)

Week end(Anglicisme)

Ya(germanisme)

Ya(ottoman)

Yèh ! (ottoman)

Zaouali(ottoman)

Zayyèch(ottoman)

Zbayèl(ottoman)

Zbentot (Zbentout) (ottoman)

Zej(ottoman)

Zenbour(ottoman)

Zendani(ottoman)

Zendjfar(ottoman)

Zenkel(ottoman)

Zerba (ottoman)

Zerda(ottoman)

Ziza(ottoman)

Zlabya(ottoman)

Zorna(ottoman)

Annexes

Les Benmansour
d'Ain El Houts (Tlemcen)

L'historien Yahia, frère d'Abderahmane ibn Khaldoun, a écrit : « Tlemcen est une cité dont la vue fascine l'esprit, dont la beauté séduit les cœurs . Ceux qui veulent la chanter ne sont point embarrassés pour lui trouver des sujets de louanges ; aussi a-t-elle fourni matière à des poésies charmantes et suaves. »

Est – il , en effet, cité plus recherchée, plus brillamment décrite que Tlemcen, ses sites ravissants et ses oualis célèbres.

Dans l'antiquité Pomaria est déjà réputée pour prétoires et auditoires ;des rhéteurs célèbres, disciples de Gorgias, s'y disputent les fleurs de l'éloquence.

Plus tard apparaît Kissaria (Kçaria), ville berbère aux cent ksours à laquelle succèdent Tagraret, Tilimsan et enfin Tlemcen, avec, toujours, comme vigilante voisine, Mansourah, aux ruines encore imposantes.

C'est à Tlemcen que se créent d'importantes universités, sitôt après le passage de Moulay Idris Laqbeur, et qui se développe le fameux ribath', duquel rien ne subsiste qu'à peine le souvenir historique.

On sait que ce fut devant Tlemcen qu'Idris Laqbeur se présenta, peu après son installation à Oulili (l'antique Volubilis) du Moghreb el Aksa, afin de conquérir la ville et la région. Point ne lui fut besoin de violences ; les Médiouna et les Kiouma(d'aucuns prétendent les Bni –Ifrène ?) le reçurent en bienfaiteur.

L'alide Idris laissa donc dans la ville son frère Souleimane ben Abdellah el Qamel, qu'il chargea, comme gage de reconnaissance aux Tlemceniens, de faire construire la mosquée qui porta son nom.

« l'alide Souleimane ben Abdel Allah el Quamel, qui était d'une nature violente puisque Mo'ab rapporte que Souleiman tua un homme, il ajoute qu'il alla au Maghreb ; ce fait, Mo'ab en a eu connaissance par lui même, puisqu'il était son contemporain, de son pays et de la même ville que lui.

On trouve le même fait dans Ibn H'adjar, Ibn H'azm et El Azwark'ani » (RP Giacobetti, Kitab En Nasab, p106)

Souleimane, donc, ne fut pas aussi sympathique qu'Idriss aux indigènes de la région, et comme il était très fatigué des suites du périlleux voyage entrepris à l'issue du massacre de Fedj ou Fekh(166 Hégire ; 783 J.C), il confia bientôt la direction de la ville de Tlemcen et de son Etat à son fils,

Ahmed Ben Souleimane, pour se retirer à quelque distance au nord – est, en un site charmant que l'on a appelé plus tard l'Ain El Houts. Là il consacra le restant de sa vie à la récitation du Livre et se prépara saintement à la mort qui l'emporta dans le refuge d'Allah à la fin de la corne II°

Il fut inhumé dans sa retraite d'Inbouâ, où un palmier séculaire, mémorandum vivant, marque seul à présent sa précieuse relique.

Voici ce qu'écrit le RP Giacobetti Sur la descendance de Souleimane, p60,Ken N) :

Ouled Soleiman :Ahl'Ain El Hout,Ahl Abdjaya.

« le narrateur a dit : je vais vous parler des fils de notre seigneur Soleiman enterré à Tlemsen, par les quels la noblesse s'est répandue à Ayn el H'oût. Ils ont une fraction à Bedjaia (Bougie).

« Les Ahl 'Ayn el H'out ont pour ancêtres Abdellah ech cherif, ben Mohamed, ben Abou –l-Kasem, ben 'Ali,ben Daoud, ben Mohamed,ben Ahmed, Ben Souleiman, ben Abd Allah el Kamel, ben H'assen second,ben el Hassen es Sabt'i,ben Fatima, fille de l'Envoyé de Dieu. »

Ahmed Ben Souleimane Ben Abdellah el Qamel El Mobadjal succéda donc à son père et organisa son district avec une rare fermeté, si bien que très affectionné par son cousin Moulaï Idriss Laqbeur, premier sultan et créateur de Fez, il put l'aider puissamment à l'expansion de l'empire idrisside vers le Moghreb central.

A la mort d'Idris II et lors du partage connu, Ahmed ben Souleimane hérita de Tlemcen et de ses environs (212 Hégire ; 828 JC).

Dés lors, voisin de son petit cousin Daoud Ben Idris , il put l'aider dans la pacification du territoire de la Mina qui lui était échu et que, lui, connaissait parfaitement.

Abdellah, Fils d'Ahmed Ben Souleimane, prit par la suite de ce dernier et choisit comme femme une princesse autochtone à la quelle avait été donné le prénom de Chahouet Es Semch (la passion du soleil).

Il aida, avec dévouement, son petit cousin l'Idrisside, Ali Benhammoud, petit fils d'Omar ben Idris, maître du Riff, lorsqu'il s'assit à Khortoba (Cordoue) sur le trône des Omeiyades, assurant ainsi, quelques années durant, le khalifat d'Espagne aux descendants d'Idriss.

Dés lors, à Tlemcen, les idrissides et même les autres alides reçurent une fraternelle hospitalité.

Plusieurs s'y installèrent et s'y multiplièrent. Cette cité devint bientôt une vaste pépinière de seigneurs, parmi lesquels le savant Es Soyiouthi (Aboubqr ben Mohamed) citait, entre autres, les ahl : Abd el Djellil ; Ainane, Ifrène ;Zeyane ;Zeid, Abid, Amrane ;Ain el houts ; Hamza ; El Kassem ; Djaoun ; Hanach ; Hassène ; Methar ; Abd El Haî ; Brahim ;Addou et Abdellah el Sidjelmassi.

Cependant, d'autres cheurfa hassanides du Hédjaz ayant appris par les pèlerins moghrebins la prépondérance croissante des nobles de Tlemcen étaient accourus.

Parmi eux se trouvait un descendant de Mohammed en Nefs ez Zakya ben Abdellah el Qamel, le pieux frère d'Idris Laqbeur et de Souleimane, qui fut le premier chérif de La Mecque.

Ce jeune arrivant, qui se nommait

Abderahmane Ech Charif fut le premier ancêtre connu en tlemçanie des Ouled Mançour actuels, cheurfa d'Ain el Houts. Il fut reçu très cordialement par ses cousins souleimanites, et ne tarda pas , grâce à sa haute compétence des choses et des gens, à s'attirer la confiance des souverains de la cité, dont il s'assura l'alliance par un mariage heureux.

A cette époque, fin de la VI° Corne de l'Hégire, le chef des Abdeloudites de Tlemcen, Yaghmoracène le courageux, protégé du sultan almohade Er Rachid, était en lutte contre abou zakaria ben Abou Hafs, fondateur de l'Empire hafside de Tunis ; il avait même dû reconnaître la suzeraineté de ce dernier qui s'était emparé de Tlemcen et menaçait de lui emmener sa maison, pour châtier exemplairement.

Donc , Abderahman Ech Charif, après la naissance de son fils Mohammed qu'il confia à ses parents d'Ienbouâ, s'embarqua pour l'Espagne, où ayant gagné Séville, il fut emporté par une épidémie, au lancement de la VII° corne de l'Hégire.

Son fils Si Mohammed se consacra à l'étude d'abord, puis ayant formé souche, il se rendit au Maroc où il visita le tombeau de ses grands oncles Idris, pour, de là, remontant et passant le détroit, gagner Séville où il s'installa auprès du kbor de son père et s'adonna à la théologie, à laquelle science il initia son fils Ali. Celui- ci transmit son enseignement à son aîné qui devait être le célèbre

Mohamed Abd el Djellil que l'histoire nous donne comme savant en même temps que hardi combattant et qui, ayant passé au Moghreb el Aksa, y acquit le titre de Moulai Abd el Djellil el imam el Hassani.

Après avoir entrepris le pèlerinage de La Mecque avec d'autres cheurfa, moulaï Abd el Djellil séjourna dans les villes saintes ou célèbres telles que Baghdad, Le Caire, Kairaouan, puis , il vint s'installer au pied de Djebel Tessala où il créa postérité. Parmi ses enfants l'un d'eux.

Sidi Mohamed eut, vers la fin de la huitième Corne, un fils unique qui devait devenir le célèbre et vénéré ouali, le chérifSidi El Mansour ben Mohamed ben Moulaï Abd el Djellil.

Dés son enfance, Si El Mançour témoigna d'une grande ardeur pour les voyages ; ses inclinaisons le portèrent plutôt vers les périples que vers l'étude absorbante des sourates.

Donc, son « bagage koranique » acquis, il entreprit plusieurs tournées dans le désert et revenant par le Tafilalet, le Haut Guir et la Haute Moulouya, il parcourut le Dahra marocain et gagna Fez.

Il y séjourna peu de jours, car le sultan, sachant ses idées avancées, le fit prier de s'acheminer vers des régions moins faciles.

Il passa alors en Andalousie. Après une visite au tombeau de son ancêtres Sidi Abderahmane Ech Charif, à Séville, il gagna Grenade, puis visita successivement Guadix, Alméria, Baëza, Cordoue et Malaga.

Fort bien reçu partout, il décide certains ouali à le raccompagner en Ifrikya où il débarque bientôt avec sa pléiade de santons.

Parmi eux se trouvaient Sidi Mohamed ben Mimoun, de Séville, qui , avec le malagais Sidi Souleimane Bou Rabïâ, se fixèrent entre Ténes et Mostaganèm où ils prêchèrent, fécondèrent et moururent.

Puis Mohamed Ben Moulouk, originaire de Kordoba, et Si Maâzouz Billah, de Malaga, lesquels islamisèrent vers la Mina et gagnèrent la miséricorde de Dieu, prés de Illil.

Enfin, Sidi Mançour alla porter la parole sainte en Al Djazaïr des Beni Mizrana (Alger alors, qu'avait tant embellie déjà le premier prince ziride Bologhine ibn Zir au IV° siècles de l'Hégire).

Il y fut si goûté et si écouté qu'on lui éleva une Koubba commémorative, laquelle subsista près du Fort de Bab Azzoun, jusqu'aux derniers travaux d'agrandissement.

Malgré l'insistance des algérois qui voulaient le conserver, Sidi Mançour revint au berceau familial, à la riante Ienbouâ de Tlemcen, où, vieux déjà, il prit femme dans la descendance de Souleimane.

Il s'adonna tout entier aux préceptes et aux miracles et eut la joie immense de voir naître son fils unique auquel il se consacra tout entier avec la passion jalouse d'une paternité sénile.

Abdellah ould Mançour fut un enfant prodige. Il possédait la sourate sans même l'avoir apprise ; tant la science était innée en lui.

Dés son bas âge, il composait des khotbate remarquables et confondait ses maîtres et ses condisciples par une prodigieuse force de pénétration et de discernement qui tenaient du miracle.

Ce fut ainsi que , par un radieux après midi de printemps, les tlamid de son école faisaient sécher leurs vêtements qu'ils venaient de laver, furent avisés par lui d'avoir à rentrer vivement leur linge pour éviter la pluie.

Incrédules et intrigués, ils avertirent le maître Cheikh Ahmed Belhassène El Gourari qui apostropha Si Abdellah. Celui ci répondit fermement : « Maître, le premier ciel, parfois voile bleu le gris du second ciel……….. ».Cette phrase n'était pas achevée qu'une diluvienne averse inondait la terre !

Dés lors, l'enfant fut entouré d'une vénération qui devait s'accroître jusques et après sa mort

Entre temps, c'est à dire vers le milieu de la IX° corne, Sidi Mansour mourut en le désignant comme successeur et en manifestant le désir que jamais koubba ne fut élevée sur son sépulcre, « car disait – il mon fils Sidi Abd Allah seul doit être l'ouali vénéré ! ».

De plus, d'après lui, un saint ne peut avoir vraiment deux koubba et la sienne était déjà à Al Djazaïr.

En effet, à cinq reprise différentes, on entreprit l'élévation d'un mausolée sur le tombeau de Sidi Mançour, mais chaque fois la construction, bien que forte soignée, s'écroula.

Dés lors on renonça à cette édification.

Sidi Abd Allah ould Mançour ech charif el hassani qui devait être le primus inter pares des marabouts de Tlemcen, acquit la vénération de cette population crédule et avide, toujours, de manifestations extraordinaires .

Il se lia d'amitié avec Cheikh Si Mohammed Ben Youssef Ben Ameur Ben Choaib esSnoussi, de célèbre renom, qu'il décida fortement à donner sa fille l'âalima (savante) Fathma à Ammeur ben Amrane, l'Idrisside.

On conte même qu'à l'occasion de cette union Sidi Abd Allah opéra une Karama qui lui assura la reconnaissance du monde féminin.

Après avoir levé sa derka et lancé le solennel La illah ill'Ollah, il prononça quelques paroles incantatives :aussitôt le métal d'argent des bijoux communs se transforma en or le plus pur. « Car, déclara le sain, dans ses réjouissances la femme doit être toujours parée le plus richement possible. »

Que de miracles n'impute- t- on pas à ce puissant ouali !

Mohammed ibn Merièm, dans son Boustan oualiat et Tlemsane en cite quelques uns. Oyez plutôt : il était un roi berbère auquel fantaisie prit de passer quelques temps à Tlemcen.

Il se présenta donc, avec une forte escorte devant la ville, mais à chaque porte le gardien proteste, invoquant chaque fois :la propriété du Saint patron respectif de la porte : »passe, sultan, ceci est la porte de notre maître Bou Médine !Ceci est la porte du grand saint Ed Daoudi, etc…. »

Le malic se présenta enfin devant la porte Bab el Kermadine où aucune objection ne lui étant opposée il fait camper ses gens aux abords de la redoute et il pénètre ensuite dans le quartier où il s'installe incontinent.

Mais peu après arrive tout essoufflé un vieux nègre qui lui dit : »Chef, tu as osé pénétrer par la porte de notre maître vénéré Sidi abd Allah ould Mançour, Allah te garde de rester ici, sans sa permission ! ».

Aussitôt, le roi , fatigué, et las on le comprend, s'emporte et brutalisant le protestataire il le chassa en fulminant contre lui et contre son maître : « qu'ai je à me soucier de la puissance de Sidi Abd Allah , je suis roi et ne le crains pas, qu'il se gonfle à son aise. ». le nègre s'en fut à Ain El Houts narrer le fait et l'algarade à l'ouali, qui décréta illico de châtier l'impertinent berbère.

Après s'être recueilli un instant, il souffla fortement, puis ramassa une poignée de sable et la lança dans la direction de Bab EL Kermadine.

Aussitôt le monarque éprouva les plus vives douleurs internes et son corps se gonfla, telle une calebasse, tandis que ses soldats, comme possédés du démon, couraient dans toutes les directions en poussant des hurlements lugubres.

Plusieurs se tordirent bientôt dans d'infernales convulsion !

Le malic comprenant son imprudence ordonna qu'on alla Sur l'heure demander pardon, de sa part, au puissant marabout, et le prier de fixer lui même un dédommagement. Sidi Abd Allah consentit à faire cesser le fléau, il envoya même sa propre ânesse, au malade, en lui prescrivant de se lotionner deux jours durant avec « le produit urique » de l'animal, c'était le remède sine qua non à la désoedemisation .

Sévère mortification. Pourtant le roi consentit à tout et fut fort aise de déguerpir après avoir reconnu à Sidi Abd Allah ben Mançour plusieurs terres dans les Ouled Ala et les zenata, biens demeurés habous familial.

Voici maintenant la légende précisant la dénomination d'Ain El Houts :Sidi Abdellah avait demandé la main de sa fille au cherif Abou Abdellah.

Celui là, flatté de l'union, y consentit, mais à condition que la jeune épousée ne serait jamais assujettie aux corvées ménagères.

A ce moment, en effet, les femmes étaient obligées d'aller puiser de l'eau à l'Oued quelque peu distant de la dechra (village).

Conclusions arrêtées, le mariage a lieu et une négresse est prise qui fera les corvées.

A quelques temps de là , Sidi Abd Allah, désireux de faire ses ablutions, ordonna à la servante d'aller puiser de l'eau fraîche à la rivière.

La négresse quitta donc l'âoud Réha (manette du moulin) et comme la jeune épouse était là elle s'en saisi négligemment et continua la monture en chantonnant. sur ses entrefaites apparut le vieux Abou Abd Allah qui , surprenant sa fille en besogne, fronça les sourcils d'une façon significative.

Il allait parler lorsque Sidi Abd Allah, après la bienvenue, ordonna à sa femme de dire la chose.

Le beau père mis au courant se radoucit mais avant la parole, Sidi Abd Allah saisissant sa harba (bâton ferré) s'était élancé dehors, et à quelques distances, frappant le sol violemment, il avait fait surgir une source abondante, au grand ébahissement de toutes les femmes du village qui , se prosternant, chantèrent les louanges de l'ouali.

Toutefois, au bout de la harba avait été enferré un mignon poisson tout rouge.

Le saint le plaça sur la paume de sa main gauche et , soufflant dessus, le transforma en un oiseau multicolore qui s'envola sur le palmier funéraire de l'alide souleimane.

Depuis, la source, dont les poissons sont sacrés, porta le nom d'Ain El Houts, ainsi que le village si miraculeusement abreuvé.

Sidi Abd Allah fut le premier ancêtre qui adopta pour les cheurfa d'Ain El Houtz le patronyme d'Ouled Mançour, confondant ainsi la descendance de Sidi Soleimane Ben Abdellah el Qamel avec celle de son frère vénéré Si Mohammed en Nefs ez Zakia.- Homme très généreux, Sidi Abd Allah ben Mançour sut s'attirer la reconnaissance de tous.

Ce fut lui qui recueillit et assista dans les derniers moments de sa morne agonie le dernier roi maure de Grenade Abou Abd Allah ben Abou l'Hassène, qui mourut à Tlemcen en moharrem 899 de l'Hégire (mai 1494 JC).

L'ouali Sidi Abd Allah ben Mançour se refugia dans le sein de Dieu le 7 Chaouwal – le choisi, de l'an 926 de l'Hégire (1519 JC).

Au moment où il expirait, redit l'histoire, un couple de lions vint rugir lugubrement auprès de l'Hammam Tahamimine, source chaude prés de l'Ain El Houts, et le ciel se couvrit d'étoiles en une fulgurance éblouissante !

Le grand saint laissait sept garçons : Mohammed dit Hamou, ancêtre direct des Ouled Mançour actuels ; Bénali ; larbi.Bel Abbès, Djaber, Mohamed el Imam et Benaouda.

Ils commencèrent par élever une koubba pour sanctifier le nom de leur glorieux ascendant, le quel avait été initié dans la voie des Chadoulia en ayant acquis les doctrines de l'Imam Zerrouk et l'Imam Merzouga de savante mémoire. !

Ces sept garçons eurent une postérité qui aujourd'hui se chiffre par plusieurs centaines, répandus tant au Maroc qu'à Tlemcen.

Nous n'en pouvons vraiment retenir ici que deux branches :celle représentée aujourd'hui par Si Moulaï Idris ould Moulaï Ahmed, qui gère les intérêts et les habous des Ouled Mansour ; celle dont les jeunes gens de feu Si Mohammed Benslimane nous sont présentés comme membres influents de la famille.

Parmi les ancêtres communs à ces deux branches, depuis Sidi Hammou ben Sidi Abd Allah ben Mançour, on cite quelques personnages qui méritent mention, tant par leur science que par leurs vertus et leurs qaramate. Tels sont par exemple :

Sidi Djaber Ben Abdellah, dont la koubba est à Ain el Houts et qui , toute sa vie durant, parvint à réunir un grand nombre de tholba, auxquels il inculqua la science divine et qui sut acquérir un ascendant réel Sur les innombrables ziaristes. Puis,

Sidi çafi ould Mohammed ben el Madani, dont l'existence, toute de vertu, mérita pleinement le prénom à lui donné et auquel les tlemceniens élevèrent koubba Sur le chemin d'El Eubbad.

Quant à

Sidi Mohammed Benali ould çafi, contemporain et même ami de Cheikh Et Tidjani, on lui reconnaît de fameux miracles.

Depuis lui, les Ouled Mançour vécurent au gré de leurs inspirations généralement pacifiques.

Le gouvernement turc les respectait comme cheurfa et leur accordait l'exonération des impôts et le droit de serdj, privilèges seigneuriaux .

De plus, ils jouissaient de la prérogative de Dhommana, c'est ainsi que la borne ronde, dite Kerkour, plantée à quelques verstes d'Ain El Houts garantissait la sécurité aux fauteurs et même aux criminels.

Pourtant, tous ces avantages notoires n'empêchèrent pas, en 1837, les Ouled Mançour alors représentés par Si Mohammed Benaouda ; Si çafi ben mohammed et Sidi Youssef, de tendre aux français conquérants une main amie et sûre.

Depuis, nul n'a failli et alors des grandes opérations qui se déroulèrent dans la région du Tessala, nos troupes furent reçues avec la plus franche sollicitude par les marabouts d'Ain El Houts.

En 1871, comme lors des affaires secondaires des Bni Snassène et des Flitta, les Ouled Mançour nous prêtèrent main forte, de par leur prestige puissant et il ne fut pas d'occasion en laquelle ils ne se multiplièrent spontanément pour nous prouver leur loyalisme.

Ce loyalisme, ils viennent de nous le confirmer une fois encore par les efforts qu'ils ont tous déployés tant à l'occasion du recrutement volontaire que lors des opérations de l'Emprunt national.

Les ouled Mançour sont les enfants de la France, qu'ils aiment et servent avec dévouement et fidélité.

Voici la sedjara qui nous est produite par Si Moulaï Idris comme émanant d'un savant généalogiste de Fez, Cheikh Abderahmane El Fassi, et authentifié par le docte professeur Cheikh Abdelkader El Médjaoui.

Si Moulaï Idris (le représentant actuel des Ouled Mançour) ben Moulaï Ahmed (ex Mezouar des cheurfa de Fez) ben Sidi Mohammed surnommé Benaouda, ben Abd Allah(inhumé à Fez, à Bab el Foutouha) ben Mohammed ben Sidi çafi ben Mohammed ben el Madani ben M'hammed ben Mohammed dit Hammou (l'aïné des sept garçons de l'ouali Sidi Abd Allah ben El Mansour, éponyme de la famille) ben Mohammed ben Moulai AbdelDjellil ben Ali ben Mohammed ben Abderahmane Ech Charif ben Mohammed ben Abd Allah ben Said ben Ibrahim ben Thabith ben Meïmoun ben Aissa ben Mohammed el Kakouli ben Abd 1Allah ech chehir el Asther ben moahemmed en Nefs ez Zakya ben Abd Allah el Qamel ben Ha&ssène el Moutsana ben Hassène es Sibthi ben Ali ben Abi Thaleb Zoudj Fathima – Zohra bent Rassoul Allah.

L'une des deux branches précitées est celle dont l'aïeul fut Sidi Slimane Ben Abdel Kader dit Kaddour ben youssef ben M'hammed ben Ahmed ben El Madani ben Hammou fils aîné de l'ouali Sidi Abd Allah Ben EL Mançour.

Sidi Slimane , qui eut aussi son heure d'originalité thaumaturgique, habitait Ain El Houts , il y a quelque cinquante ans encore.

Il avait, entre autres femmes, épousé une jeune « démoniaque » que lui seul pouvait exorciser et qui, comparable aux nymphes de Virgile, habitait une demeure « au fond de la rivière »- appelée pour cela Gueltet Si slimane- (Voyons plutôt là, une grotte masquée par les roseaux et les tamaris).

De temps à autre Sidi Slimane s'enfonçait dans l'eau et disparaissait plusieurs jours durant.

Puis, un beau matin , on le voyait sortir de l'eau sans qu'il fut le moindrement mouillé ou maculé, et pourtant intactes des victuailles qu'il distribuait aux pauvres présents.

De cette union naquit un fils Rouichi que tout Tlemcen connut par ses excentricités.

D'un autre et solide mariage Si Slimane ben Si Kaddour eut un fils Si Mohammed qui, garçon studieux et sérieux, fit preuve de beaucoup d'initiative en créant à Tlemcen le fameux Salon de curiosités orientales, fort goûté des touristes, aujourd'hui si bien exploité par Si Mohammed dit Si M'rabeth, garçon instruit et avisé, activement secondé par ses frères Si Benali et Si Slimane.

Quant au quatrième fils de Si Mohhamed ben Slimane, le jeune Si Abd Allah, après brillamment enlevé son PCN, il vient de prendre ses premières inscriptions à la Faculté de Médecine d'Alger.

Jeune homme sérieux et modeste, travailleur acharné, il permet à tous de baser les plus belles espérances Sur l'avenir brillant qu'il saura se créer, in Challah !

La branche aînée, enfin ,de qui nous avons cité l'aïeul Sidi M'hammed Benaouda, nous présente Si Moulaï Ahmed, père de Si Moulaï Idriss, qui d'après la pièce ici reproduite fut nommé par le Sultan du Maroc Moulaï Hassène, à la date du 9 Djomad et Thani 1292 'février 1875) mézouer (syndic) des cheurfa de Fez.

Si Moulaï Ahmed laissa plusieurs garçons dont Moulaï ! !idris ould Moulaï Ahmed Ben Mançour représente les ouled Mançour

Si Moulaï Idris, photographié ici, est né à Tlemcen en 1291 de l'Hégire (1874)

Après de solides études primaires, il alla à Fez, suivre, à la Djamâa de Moulaï Idris, les cours de maîtres réputés telsque Cheikh Mohammed S'bika et el Fekih Berrada.

De retour en Algérie, il obtient son diplôme de Bachadel, mais n'entra pourtant pas dans la magistrature.

Il préféra consacrer ses instants à la gestion fort délicate des biens habous des Ouled Mançour.

Si Moulaï Idris est un homme posé, avisé et qui fait de son mieux pour représenter la noble famille à la quelle l'ouali vénéré Sidi Abd Allah ben el Mançour assura le renom et la vitalité.

Ain el Houts, septembre 1918

Annexe n°02

Abdellah Ben Mansour el Houti Ben yahia Ben Othman El Maghraoui

Ce saint et vertueux personnage, cet auteur de miracles inouïs, était doué de louables qualités morales et exaucé dans ses prières. Il fut le contemporain de Sidi Ahmed Ben Lahcen El Ghomary.

Voici en quels termes celui ci recommandait Sidi Abdellah à certains de ses disciples : »Sidi Abdellah ben Mansour, leur disait-il, est comme l'eau d'un canal d'irrigation ; or, cette eau se trouble promptement ; prenez- y donc garde ! »

Par ses miracles, on cite le fait suivant rapporté par un de ses voisins, qui habitait avec lui dans la rue d'Andalousie : »je traversais le Sahara, dit –il, pour me rendre au Soudan. Arrivé à Ksar Tagourarin, je me trouvai point d'orge à acheter pour la nourriture de mes chevaux. « Donne-moi ton cheval et ton chameau , me dit un des habitants de la maison où j'étais descendu ; j'irai avec ces animaux au Chott Septentrional pour y acheter de l'orge. « je lui remis donc mon cheval et mon chameau et il partit. La moitié de la nuit s'était déjà écoulée et je dormais profondément quand j'entendis frapper à ma porte. Je me levai, je sortis et je vis mon commissionnaire monté Sur le cheval.

« Voici le cheval ! s'écria –t- il- où est mon chameau ? lui demandai-je ?- il s'est enfoui, me répondit-il—Il n'y a de force et de puissance qu'avec l'aide de Dieu l'Auguste, le Majestueux ! Hélas ! le chameau s'est enfoui, m'exclamais– je ; puis j'ajoutai :O Sidi Abdellah Ben Mansour, tu m'as trompé ; car après Dieu, j'avais mis en toi toute ma confiance. Je te citerai le jour de la résurrection générale devant le tribunal de Dieu. « Après cela, je dormis jusqu'au matin. Je dormais encore quand soudain j'entendis quelqu'un qui criait après moi : « Réjouis- toi de cette bonne nouvelle : ton chameau est revenu ! – Qui donc l'a ramené ? lui demandai – je --Grâces soient rendues à Dieu ! me répondit –il ;je l'ai trouvé agenouillé devant la porte de la maison, il est revenu d'une distance de deux ou trois jours de marche. »

Dieu nous fasse profiter des mérites du cheikh !

Autre miracle- une personne digne de foi m'a raconté ce qui suit : »je me trouvai enfermé, dit elle, dans une prison de Fez. « O sidi Abdellah ben Mansour, m'écriai-je, je me mets sous ta protection ! » Pendant la nuit qui suivit, je vis en songe un homme qui se présenta à moi et me dit : »sors !- qui donc es tu ? lui demandai-je – je suis Abdellah Ben Mansour, me répondit-il. « En effet, le lendemain matin, j'entendis qu'on m'appelait et qu'on criait : Hé un tel ! Sors ! tu n'as rien à craindre ! »

Autre miracle- le fait suivant m'a été rapporté par sidi Abderahmane El Qacir qui le tenait de la bouche de son professeur Sidi M'hammed Ben Mouça EL Ouedjdijeny, mufti de Tlemcen : « Le sultan de Tunis, dit –il, s'était mis en route avec son armée pour venir s'emparer de Tlemcen. Prévenu de ce qui se passait, le sultan de Tlemcen mit ses troupes en campagne. Une première rencontre eut lieu prés de Djebel ez Zaq, et le goum tlemcénien fut défait. Il se livra un second combat, puis un troisième : même insuccès. Puis le Sultan de Tunis continua sa marche et arriva jusqu'au sous les murs de Tlemcen. Alors , il tint conseil avec ses ministres et leur dit : »Par où entrerai-je dans la ville ? – Par où il vous plaira, répondirent ils. Il ajouta :Combien la ville a -t- elle de portes ? il les lui énumèrent. Puis, il demanda : Quel est le saint qui protège Bab El Djiad ?- C'est, répondirent –ils, Sidi Abou Médien –Et Bab El Aqba ?- Sidi Ahmed Daoudy. – Et Ba&b ez Zaouia ?- Sidi El Halouy. –Et Bab El Quarmadine, qui la protège ? – Aucun saint.- Eh bien donc, leur dit il, c'est par cette porte que je ferai mon entrée dans la place. »

Or, Adjouz- tel était le nom du serviteur de Sidi Abdallah Ben Mansour- dit à son maître : » cette porte (Bab el Qarmadin) est sous votre sauvegarde, car, de toutes les portes de la ville, il n'y a que la vôtre par laquelle le sultan puisse entrer. – Tu as raison , répondit le Cheikh ; et ; incontinent , il revêtit son burnous par-dessus sa chemise, et prit un bâton qu'il cacha sous son burnous ; puis il se dirigea du côté de l'armée qui était campée près de Bab El Qarmadin. Les soldats étaient occupés les uns à laver leur linge, les<autres à se promener. Il demanda où se trouvait le pavillon du sultan. On le lui indiqua et on courut aussitôt consulter le souverain pour savoir s'il fallait laisser entrer le cheikh. »Introduisez le, dit le prince. »

Alors le cheikh entra et apostropha le sultan en ces termes : « tu es un tyran ; ce serai pêcher que de te saluer. Que réclames tu à ce peuple pour que tu viennes ravager ainsi une terre d'Islam ? Le sultan lui répondit : Vous autres, fakirs, vous vous mêlez des choses qui ne vous regardent pas. –Et toi, reprit le cheikh, crois tu donc qu'il n'y a que toi d'homme au monde ? »Et, ce disant, il se mit à le frapper avec son bâton, redoublant ses coups, jusqu'à ce qu'enfin le prince lui criât :Je fais pénitence ! je fais pénitence !.

« Alors, le cheikh abaissa son bâton et se mit à dire, en allant et venant dans le pavillon : »Dieu revient à celui qui revient à Lui. Or, pendant que ceci se passait et que le cheikh frappait le sultan, il régnait, de par la volonté de Dieu, une profonde obscurité qui avait enveloppé tout le camp ; un vent violent s'était mis à souffler, le ciel s'était couvert d'épais nuages et l'air s'était obscurci au point que les<soldats ne se voyaient pas les uns les autres ; les tentes s'étaient renversées, les chevaux et les mulets avaient rompu leurs liens et s'étaient enfuis. Mais aussitôt que le sultan eut crié :je reviens à Dieu ! les ténèbres se dissipèrent, le vent se calma, les nuages disparurent et le soleil reparut radieux comme au paravent . Puis le cheikh dit au sultan : »

Tu vas lever ton camps. –mais Sidi , reprit le prince, qu'au moins le sultan de Tlemcen me rembourse les frais de la guerre !- Par Dieu !répliqua le cheikh, il ne te donnera pas un dirhem ; tu aurais raison si ce pays était habité par des infidèles, car alors tu aurais droit à être indemnisé des dépenses que tu as faites pour lever ton armée ; mais par Dieu !Décampe au plus vite, tu ne gagnerais rien à rester ici plus longtemps. » Sur cette menace, le sultan fit plier les tentes et alla coucher Sur les bords de l'Isser. »

Autre miracle opéré par le cheikh. – une personne digne de foi a rapporté le fait suivant : « le sultan de Tlemcen, dit elle , avait demandé aux notables de la ville de lui prêter l'argent et les avait frappés d'une forte contribution. Consternés, les gens allèrent chez le cheikh Sidi Abdellah Ben Mansour pour se plaindre du malheur qui leur arrivait. Le cheikh monta Sur son âne et partit d'Ain El Hout. Arrivé à Tlemcen, il se rendit à la grande mosquée où il trouva une multitude de gens se livrant au plus grand désespoir à cause du malheureux sort qui les frappait.

De là, il se transporta chez le sultan, au Méchouar, et le pria de revenir Sur la décision qu'il avait prise ; mais le prince resta inflexible. Et ne voulut rien entendre. Alors le cheikh lui dit : « comment ! tu as gaspillé les fonds du trésor public des musulmans et tu as l'audace de leur demander qu'ils te prêtent de l'argent !. Que Dieu ne te donne que des coliques ! »Puis, il remonta Sur son âne et partit. A peine était –il sorti que le sultan fut en proie à des vives douleurs et se mit à crier :Aïe ! mon ventre ! aïe mon dos ! » Les ministres se mirent aussitôt à la poursuite du cheikh, le rejoignirent à la porte de la ville, appelée Bab Zaouiet sidi El halouy, et le ramenèrent chez le sultan. De retour au palais, le cheikh passa la main Sur le ventre du sultan, et le mal disparut comme par enchantement.

Autre miracle.-Le cheikh se trouvait dans la retraite qu'il s'était choisi dans la caverne de Bent Ameur. Son fils Mohammed, qui était alors tout petit, entra un jour chez lui et trouva un monceau d'or dans un coin de la caverne. Il releva aussitôt les pans de son vêtement, en remplit le creux avec de l'or qu'il puisa au tas, et courut trouver le cheikh pour lui montrer sa trouvaille. »Emporte cet or » lui dit le cheikh ; puis il acheta avec cette fortune le jardin appelé Taghzout. Qu'il immobilisa en faveur de ses enfants.

Autre miracle- Un jour , le cheikh partit d'Ain El Hout pour se rendre à Tlemcen, accompagné de son serviteur Adjouz. Arrivés à la porte de Qarmadine, ils aperçurent un homme solidement garotté et ayant la corde au cou. Le bourreau était là qui allait l'égorger. tout à côté, le père , la mère et les enfants de la victime pleuraient. Le sultan Abou Abdellah Et Tabithy qui avait ordonné qu'on égorgeât le condamné et qu'on accrochât son cadavre à la porte de Qarmadin.

A cette vue, le serviteur dit à son maître : « cet homme est sous votre protection ! ».Alors, le cheikh interpelle le bourreau, ses aides et les officiers de la Cour, qui , pris de peur, viennent au-devant de lui et lui baisent les mains et les pieds. Puis , il dépêche son serviteur Adjouz auprès du sultan pour implorer la grâce du prisonnier condamné à mort. Adjouz ayant été introduit dans le palais, les officiers et les ministres disent au prince : »Sire, voici le serviteur du cheikh Abdallah Ben Mansour qui vient intercéder en faveur de l'homme dont vous avez ordonné le supplice.

« Mais le sultan entré dans une grande colère : »Qu'on pende le serviteur Adjouz et le condamné !s'écrie t-il. Sur les instances du vizir, le sultan finit cependant par se calmer et fit grâce à Adjouz et à son protégé. Puis , le serviteur, étant retourné chez son maître, lui raconta ce qui s'est passé. « Bien, dit le cheikh,, tu seras vengé, car le sultan ne tardera pas à se trouver dans une situation telle, qu'il faudra que ce soit toi qui intercèdes pour lui comme le vizir a intercédé pour toi..

« En effet , dans la nuit qui suivit cette journée, alors que le sultan était endormi, un serpent énorme s'enroula autour de son cou et lui colla sa gueule Sur sa bouche.. Le prince, saisi d'épouvante, appelle au secours. Vite on ouvre devant lui les portes du Méchouar, puis celle de Qarmadin et le sultan Abou Abdellah se dirigea vers Ain El Hout. Arrivé à la demeure du serviteur du cheikh, le sultan appelle, mais Adjouz ne paraît qu'après un long moment pendant lequel le serpent ne cesse de vtorturer sa victime. Enfin, le serviteur entre chez son maître, mais celui ci dort si profondément qu'il est impossible de le réveiller Alors le sultan demande le nom de la femme du cheikh. « Elle s'appelle Mariem », répond Adjouz.

« Lalla Mariem, s'écrie le sultan, de grâce, éveillez le cheikh , grattez lui la plante des pieds pour le tirer du sommeil ! »La femme obéissante se rend aux prières du sultan qui entre chez le cheikh dans une attitude humble et suppliante, et lui demanda pardon. « Allons , Merzoug, dit alors le saint homme , s'adressant au serpent, allons , viens ! »Le serpent se rendit aussitôt à cet appel et se glissa entre la chemise et la blouse du cheikh. Puis, nle sultan fit plusieurs fondations en faveur du marabout.

Autre miracle- Le cheikh alla un vendredi faire la prière solennelle à Hennaya. Pendant qu'il était assis dans la mosquée, il vit le sultan Abou Abdallah (Et thabity) qui, étant sorti à pied pour faire une partie de chasse, se dirigeait vers la mosquée d'Hennaya afin d'assister à la prière du vendredi. Le prince fit son entrée dans le temple en marchant Sur des tapis que ses compagnons étendaient devant lui.

Là, il trouve le cheikh qui lui dit : »faut il que tu sois orgueilleux , pour oser marcher Sur des tapies !- je me repens, lui répondit le sultan- Dieu revient à celui qui revient à lui, répliqua le cheikh.. Il faut dire que le sultan n'avait pas fait ses ablutions, car , en entrant dans la mosquée, il avait trouvé le puit à sec : l'eau qu'il contenait s'était infiltrée dans la terre. Mais dés qu'il se fut repenti, le cheikh lui dit : »Va faire tes ablutions ». Arrivé au puits, le sultan vit alors l'eau déborder par-dessus la margelle , et fit aussitôt ses ablutions.

Annexe n° 03

Ain El Hoût

Ain El Hoût est un petit village à quelques kilomètres au nord de Tlemcen, peuplé de marabout d'origine chérifienne. Le village est entouré de diverses qoubbas, objet de pèlerinage, mais ce dont nous voulons parler ici, c'est la Fontaine –aux- Poissons qui a donné son nom au village. Cette source considérée comme sacrée, ainsi que ses poissons, est située à l'entrée du village.

Cette source considérée comme sacrée, ainsi que ses poissons, est située à l'entrée du village. Elle n'a en l'état actuel des lieux aucun caractère pittoresque. L'eau sort au-dessous d'un gros rocher qui émerge de terre ; on y fait divers travaux modernes d'adduction.

Devant le rocher se trouve un bassin avec un parapet affreux en maçonnerie, lequel, y compris le rocher, a vaguement la forme d'un triangle. C'est dans ce bassin triangulaire de quelques mètres de côté que nagent, ou sont supposés nager des poissons de couleur rouge.

Je dis « sont supposés », car je dois à la vérité que je ne les pas vu. Il paraît qu'assez souvent ils se cachent sous le rocher. A supposer que j'eusse connaissance en ichtyologie, je n'aurais donc pas pu parler. A ce qu'il m'a été dit, ils sont aujourd'hui moins nombreux qu'autrefois. Un grand écriteau en français rappelle qu'il est défendu de les pêcher.

La légende qui entoure ce bassin et ces animaux est bien connue ([1]) et je la rappelle brièvement : Aicha, fille d'un Seigneur de l'endroit, se métamorphosa en poisson pour échapper à Dja'far , fils du roi de Tlemcen qui la poursuivait.

---

[1] Elle est racontée par l'Abbé Barges, dans son Tlemcen ; l'endroit est moins romantique de nos jours qu'en 1846, époque de son voyage.

En ce qui concerne les cérémonies qui s'y pratiquent, voici les renseignements que j'ai recueillis :

1° A l'Aïd el Kébir et l'Aïd es –Ceghir, les populations des environs viennent en pèlerinage aux tombeaux des Saints, ainsi qu'à la Source. Il ne m'a pas été précisé que l'on pratiquât auprès de celle-ci des rites spéciaux.

2° A la fête des Aissaouas, cette confrérie se réunit en procession à la source, le troisième jour de la fête ([2]).

3° A l'occasion du mouloud, les petits garçons viennent se baigner dans la fontaine.

4° A l'occasion des rogations pour la pluie, et après promenade par les petites filles de la poupée dit Boû Boughdja ([3]), elles avaient l'habitude de s'y baigner aussi , mais le garde champêtre avait précisément interdit cette pratique lors de la procession qui venait d'avoir lieu juste avant ma visite. Bien que la source et les poissons soient sacrés, les indigènes ne semblent pas soigner beaucoup les lieux. Il y a quelques années, paraît –il, la fontaine était d'une saleté repoussante.

---

[2]Voire la brochure de Doutté, Les Aissaouas de Tlemcen.

[3] On sait qu'il s'agit là d'un rite tout à fait général en Afrique du Nord, v.p. ex. Desparmet, Mœurs et Coutumes, trad. Pérès et Bousquet, page 72.

En somme, il semblerait que la source soit beaucoup plus importante que les poissons. Mais comme c'est le seul cas d'animaux révérés en un lieu donné et en quelque sorte individualisés ([4]) que je connaisse en Afrique du Nord, il valait la peine de visiter leur habitat.

Ain El Hoût, 23 mars 1947.

G-H. Bousquet (Revue Africaine , n° 91 , année 1947, pp308 & 9)

[4] Ainsi la grenouille et l'hirondelle sont maraboutes. Desparmet ,p.71. Cependant, Doutté, cite Mouléras, le Maroc inconnu, à propos d'autres poissons sacrés en ce pays.

Annexes n° 04

Village d'Ain El Hout

Le petit village d'Ain El Hout, situé à huit kilomètres environ au nord de Tlemcen, se compose de deux agglomérations d'habitants : l'une située à l'Est, autour de tombeaux de saints et d'une source qui sert au village de Saint Eponyme ; l'autre dénommé Tralimet, situé un peu plus à l'Ouest, peuplé d'ouvriers agricoles, et qui ne semble pas bénéficier de la bénédiction des marabouts.

Les notables du village, descendants des marabouts, ont la prétention de descendre de Soleiman ben Abdallah, frère d'Idriss, le fondateur de Fès, le premier sultan qui vint s'emparer du territoire de Tlemcen, appelé en ce temps là Agadir (au X° siècles). Les traditions orales sont éminemment respectables, c'est pourquoi nous ne les contredirons pas. Mais la vérité nous oblige à dire que les textes écrits, qui sont nos seules archives en ce qui concerne le village et qui se trouvent près des tombeaux des marabouts, remontent au XVIII° siècle.

Quand on arrive à Ain El Hout par la route qui part de Bab el Kermadin »la porte des tuiliers », qui va couper Sur le ruisseau dénommé Chabet el Horra la route de Bréa à Négrier, et qui fait découvrir le village à deux kilomètres environ de cet embranchement, le premier point qui frappe les yeux est un bassin, très bien entretenu, très fréquenté par les femmes et les fillettes musulmanes, peuplé d'une multitude de poissons rouges.

La source qui alimente ce bassin a donné son nom au village. Un écriteau apprend aux touristes de passage qu'il est interdit de toucher aux poissons. La légende est la suivante : « un jour de mai, comme le temps invitait à la promenade, une sœur de la princesse choumissa partit cueillir des fleurs dans la proche banlieue de Tlemcen et s'égara Sur les bords du chabet el Horra. Un beau jeune homme l'aperçut, remarqua sa beauté et fut désireux de la voir de plus près.

Il fit ses compliments à la princesse et lui proposa de l'aider à cueillir des fleurs. La princesse soupçonna des intentions impures chez le jeune homme et courut pour mettre une distance respectable entre elle et lui. La course dura une bonne demi heure et la princesse voyait venir avec épouvante le moment où elle serait rattrapée par le jeune homme, quand elle aperçut devant elle une grande source.

Elle n'eut pas le temps de la réflexion et fit seulement un vœu , celui d'échapper à son poursuivant. Sur l'instant, elle se jeta dans la source et Dieu, qui compatit toujours aux misères des faibles, la changea immédiatement en poisson ». C'est évidemment par respect pour cette belle princesse qu'on interdit aujourd'hui encore de pêcher les poissons qui s'ébattent dans le bassin du village.

Les deux agglomérations qui ont leurs habitants sous la protection de la source sacrée :Ain el Hout et Tralimet, comptent ensemble environ 3.500 âmes, dont 3000 à Ain El Hout et 500 à Tralimet. Les habitants tirent leurs ressources des cultures maraîchères et de l'élevage. Leurs jardins et leurs champs sont arrosés par Chabet El Horra et par Oued Sikkak qui coule au Nord Est. La conduite d'eau des Béni Bahdel passe au Nord du village.

Une seule route qui conduit jusqu'à Ain el Hout et Tralimet. Elle part de Bab el Qarmadin à Tlemcen. Ainsi, Tralimet constitue un cul-de- sac au-delà duquel elle ne s'ouvre pas. Le climat, dans ce village bien abrité, est moins froid que celui de Tlemcen. Le djebel Ain el Hout protège ses habitants contre les gelées de printemps, et, par la trouée de l'oued Sikak, les brises agréables de l'été arrivant jusqu'au village.

Le mode de vie des habitants est un mode pastoral. La propriété est extrêmement divisée par suite des partages successoraux. Les familles les plus aisées possèdent cinq à six hectares. On y pratique les cultures maraîchères, l'arboriculture, la culture des céréales pour la consommation de la maison, l'élevage d'une vache, deux vaches au maximum, et de quelques moutons, juste dans la mesure que réclame la consommation de la maison.

Une source, située à l'Est du village et de maigre débit, alimente en eau les jardins. On comprendra que les usagers soient soucieux de ménager le débit de cette source. Les arbres fruitiers viennent bien , sauf le cerisier qui n'a pas pu s'adapter à Ain el Hout. Le sous sol ne contient aucun minerai.

Après avoir examiné les conditions de vie physique qui sont faites aux habitants d'Ain el Hout, entrons de plus prés dans le village, suivons- les dans leur vie quotidienne., essayons de reconnaître ce qui peut caractériser leur vie sociale, leur vie politique, leur vie juridique et leur vie religieuse.

Le recensement de 1954 indiquait pour les deux agglomérations d'Ain el Hout et de Tralimet, un total de 2.817 habitants. Les estimations faites pour 1956 indiquent un total de 3.500 habitants. On trouve ici une application de la loi bien connue qui veut que l'excès des naissances Sur les décès soit proportionnel aux difficultés matérielles d'existence. tous les habitants d'Ain el Hout sont musulmans.

Le village, d'origine maraboutique, se composait très vraisemblablement de quelques familles, fils, petits fils de marabouts, domestiques préposés à la garde des tombeaux de leurs saints.

Aucun Européen ne s'était risquer d'habiter à Ain el Hout ; ce n'est pas que la xénophobie soit telle qu'il n'y pourrait vivre ; mais on peut se demander Sur quelle terre, ou de quel métier, il y pourrait vivre.

Le niveau de vie est très bas, et seuls les gens qui sont nés dans le village sont de nature à s'en contenter. Ajoutons, à l'honneur de ces authentiques descendants de marabouts, que les vertus de leurs ancêtres se sont perpétuées jusqu'à nos jours, et que l'entraide est entre eux d'une pratique courante.. l'absence d'Européens semble donc résulter des difficultés matérielles d'installation et de vie sociale, et non pas d'un sentiment d'hostilité à l'égard des étrangers.

La preuve est faite qu'un étranger dont la raison d'être se justifie par une fonction sociale, est admis dans le village et y est respecté ; c'est le cas de l'instituteur. l'instituteur est aujourd'hui un musulman. Nous avons connu une période où il était européen. La nécessité, quand l'instituteur est européen, le condamne à vivre en famille, à l'égard des familles du village, sans distraction ni liens de société.

Cette nécessité peut devenir, à la longue, inconvénient. L'ennui naquit un jour de l'uniformité. En Octobre 1955, l'école d'Ain el Hout comptait trois maîtres :le directeur, qui était européen, deux adjoints, l'un musulman , l'autre européen.

Les deux instituteurs européens ont obtenu leur mutation pour d'autres postes. L'instituteur musulman est le seul qui soit resté en fonctions au village.

La plupart des maisons sont groupées de chaque côté de la rue principale. Ce sont de très vieilles maisons, bâties en pierre, couvertes d'un toit de tuiles à deux versants. On constate que, depuis une douzaine d'années des « gourbis » ont été installés (sing , gourbi ; plur. Grabât) dans l'immense espace vide qui se trouve entre la voie de chemin de fer et la gand'rue du village. L'œil le plus exercé a beau chercher, il ne trouvera aucune maison de type européen, aucune maison neuve qui décèlerait une manière de vivre européenne. Nous mettons à part, bien entendu, la maison d'école, qu'on a eu le bon goût de bâtir au Nord Ouest du village, dans une position qui l'isole des constructions du village. Nous sommes évidemment en présence d'une très ancienne manière de bâtir.

Entrons dans une maison. La porte ouvre Sur une cour intérieure. Le four à cuire le pain se trouve prés de la porte, mais on ne le voit pas de la rue ; car la porte donne accès à la cour par une entrée en chicane, à la mode de citadins. Un des côtés de la cour donne le jour à l'habitation des maîtres : pièces tout en longueur, sans ornement, agréables l'été parce qu'on y trouve la fraîcheur, très froides l'hiver. Les écuries et les étables sont bâties Sur un ou deux autres côtés de la cour. Depuis les temps les plus reculés, les habitants d'Ain el Hout ont adopté une manière de bâtir qui est compromis entre la manière rurale des berbères et la manière citadine qu'ils ont pu observer à Tlemcen.

Pour tout ce qui regarde l'alimentation et le costume, les habitants d'Ain el Hout ont adopté les coutumes des citadins ; la vie économique a été facilitée par quelques institutions publiques ; mais on peut juger combien les gens d'Ain el Hout sont demeurés conservateurs en observant la parcimonie avec laquelle ils font entrer dans leur vie publique les institutions modernes, filles du progrès technique. On trouve dans le village une dizaine d'épiceries (mais on n'y vend pas de légumes), deux bains maures, trois fours à pain (mais ils sont destinés à la cuisson du pain des familles et il n'y a pas de boulangerie européenne.). il n'y a pas de puits dans le village ; les habitants trouvent plus commode de prendre l'eau à la source sacrée pour ceux qui habitent l'Est, et à l'abreuvoir situé près de la maison de consultations pour ceux qui habitent l'ouest.

Seules la maison d'école a le privilège d'être dotée d'eau courante, grâce à une pompe qui fait monter l'eau du rez-de-chaussée au premier étage. Deux moulins à eau étaient en service, il y a dix ans ; aujourd'hui ce ne sont plus que des ruines. Ils ont été remplacés par quatre moulins à moteurs, signe d'un commencement de perméabilité de la population au progrès et à l'accroissement de population. Trois fontaines suffisent à alimenter en eau les deux villages : l'une à l'Est aménagée près de la source sacrée ; une fontaine abreuvoir à l'ouest, prés de la salle de consultation ; une fontaine – lavoir, située plus loin, Sur la même route.

La salle de consultation est un bâtiment administratif, construit à l'usage de dispensaire, et qui sert en même temps de bureau d'état civil et de lieu de réunion pour tous les besoins de la vie municipale. Un médecin de colonisation vient de Tlemcen à Ain el Hout deux fois par mois. Indiquons un autre signe de modernisation : l'électricité est installée depuis 1953. Les habitants ont été heureux de s'en servir pour leur éclairage personnel. Une cabine téléphonique a été installée, elle compte deux abonnés parmi lesquels on mentionnera le directeur de l'école. depuis décembre 1954, nouveau progrès appréciable : un car conduit par un Benmansour, descendant du saint et héritier de sa baraka, fait le service des voyageurs entre Tlemcen et Ain el Hout et les gens d'Ain el Hout, soit par nécessité, soit par humeur vagabonde, montent très facilement jusqu'à Tlemcen.

Nous n'avons pas pu obtenir les chiffres qui nous auraient permis d'établir le niveau de vie moyen des habitants d'Ain el Hout. On pourra néanmoins juger, par ce que nous avons dit plus haut de leur vie économique, combien leurs besoins sont demeurés réduits, combien ils sont frugaux (il faut aller à Tlemcen pour trouver des denrées de luxe, quand ce n'est pas le nécessaire), et combien leur budget est pauvre. On peut admettre, pour prendre un élément de comparaison, que le budget d'une famille moyenne d'Ain el hout est trois fois moindre que celui d'une famille musulmane installée à Hennaya, dans la plaine de grande colonisation.

Les fêtes et les coutumes qui règlent la vie familiale et la vie sociale des habitant d'Ain el Hout sont exactement les mêmes que les fêtes et les coutumes des musulmans de Tlemcen.on ne s'en étonnera pas si l'on songe que, bien avant l'arrivée des européens, les marabouts qui avaient voués leur vie à Dieu et qui s'étaient installés à Ain el Hout avaient poussés fort loin l'islamisation des gens des environs.

Les deux grandes fêtes musulmanes :Aid es Seghir et Aid el Kébir sont aussi des fêtes les plus populaires, qui attirent le plus grand rassemblement de pèlerins à Ain el Hout. Le troisième jour de ces fêtes, les confréries religieuses de Tlemcen groupent un grand nombre de leurs adeptes, organisent des processions avec banières, tambourins et castagnettes, et conduisent les enfants Sur les tombes des saints.

Ordinairement, le pèlerinage commence par une visite aux saints d'Ain el Hout. On constate, toutefois, depuis trois ans, que les pèlerins sont moins nombreux et que plus rares sont les confréries qui descendent le troisième jour jusqu'à Ain el Hout. Nous en conclurons, non pas que la puissance des saints a diminué, ni que les hommes de notre temps sont moins courageux que ceux du passé et que les Tlemceniens de 1956 reculent devant la fatigue d'un voyage à pied jusqu'à 1Ain el Hout.

Les habitants d'Ain el Hout ont ils jamais possédé des institutions politiques ?il est permis de se poser la question quand on sait que, au début de l'Islam, le Prophète était à la fois chef religieux et chef temporel, et aujourd'hui encore, le chef de zaouia, dans certains centres, administre au spirituel, rend la justice et règle les conflits d'ordre politique. Il est probable que jusqu'à l'arrivée des Européens, toute la vie sociale et politique des habitants d'Ain el Hout était administrée par les marabouts. On ne trouve, en tous cas, à l'heure actuelle, aucune trace de djemâa(assemblée de notables) ni d'aucune institution politique.

La situation administrative actuelle du village d'Ain el Hout est la suivante : le village est un groupe qui fait partie de la commune de Tlemcen et qui est administré par la commune de Tlemcen. de droit, le village vote avec la commune de Tlemcen. le garde champêtre nommé par le maire a les fonctions suivantes :établir les fiches d'état civil, remettre au particuliers les convocations qui les intéressent ; il a installé son bureau dans le local administratif que nous avons appelé salle de consultations.

Les habitants d'Ain el Hout ont ils possédé des institutions juridiques originales ? il est probable que non. Non . nous nous appuierons ici Sur les mêmes raisons qui nous ont fait conclure qu'ils ne possédaient pas d'institutions politiques spécifiques. Point de trace de mejless(assemblée de notables ayant le pouvoir judiciaire) , point de trace de 'orf (règle de droit établie par la coutume berbère).

Les marabouts ont dû faire régner le chrâa(droit musulman de source religieuse) depuis fort longtemps, et toutes les questions d'ordre juridique concernant les personnes et les biens, pour les habitants d'Ain el Hout comme pour ceux de Tlemcen, sont réglées par le cadi malékite qui siège Tlemcen.

Pour les besoins de leur vie religieuse, les gens d'Ain el Hout, possèdent trois mosquée :celle du centre, la plus ancienne et que la tradition la fait remonter au XI° siècle, ; celle de l'est, qui contient les restes de Sidi Abdellah Benmansour et que la tradition la fait remonter au XVI° siècle, au nord est la mosquée de Sidi Benali Mohammed qui contient son tombeau et qui a été bâtie au XVIII° siècle.

Les mosquées de Sidi Abdallah Benmansour et de Mohammed Benali sont remarquables en ce qu 'elles possèdent à la fois le tombeau d'un saint, une salle de prière et un Mihrab. Il est bon encore de noter que les tombeaux des saints sont indiqués dans l'architecture de l'édifice par des coupoles qui sont établies Sur demi - voûte d'arête et qui reposent Sur quatre arcades brisées. L'espace demeuré libre entre les arcades et les murs extérieurs est recouvert par une voûte d'arête. cette disposition permet au pèlerins de circuler autour du catafalque.

Semblable disposition architecturale s'observe à la qoubba de Sidi Daoudi et à la Mosquée de Lalla Reyya à Tlemcen.. il s'agit bien d'édifices construits à double usage : mosquée pour la prière des fidèles et lieu de pèlerinage autour du tombeau d'un saint. Ces édifices bivalents ne se conçoivent qu'en pays rural, et pour une population peu nombreuse. On notera qu'à Tlemcen, par exemple, les mosquées de Sidi Boumedine, de Sidi lHaloui, de Sidi Brahim, sont construits à côté de tombeaux de saints, mais que l'architecte a pris soin de rendre tout à fait indépendante la mosquée bâtie pour les besoins de la prière.

Nous ferons qu'une rapide visite au village de Tralimet. Ce village, séparé de celui d'Ain elHout par une distance d'un kilomètre environ, comportent 500 habitants, presque tous ouvriers agricoles. Ce sont des gens aussi pauvres que ceux d'Ain el Hout. On le sent à l'absence d'eau courante, à l'absence d'électricité, à l'absence d'ornement dans l'architecture des maisons.

Rares sont ceux de ces ouvriers qui possédant un petit lopin de terre. L'administration a fait construire, en 1955, une fontaine – abreuvoir à l'entrée du village ; c'est là que viennent les femmes s'alimenter en eau potable. La route qui traverse le village d'Ain el Hout conduit jusqu'à l'extrémité Sud de Tralimet et s'arrête en cul – de- sac.

Terminons notre promenade par une visite aux sources chaudes dites « tahammamit ». on emprunte Sur 2 kilomètres une piste large, mais non carrossable, dont le départ se trouve en face de la salle de consultations sous un immense térébinthe. La descente à pic de la rivière est très difficile et peu pratiquée à bêtes. Les bords de la rivière sont , en cette endroit, couvert de lauriers – roses, et le site est très accueillant.

Un barrage permet de traverser à sec quand le courant est peu abondant. Les jours de pluie, il est recommandé de se déchausser et de traverser Sur les grosses pierres. Depuis une dizaine d'années la source chaude a été captée et entourée d'un grand bassin. Une vingtaine de personnes peuvent se baigner à la fois. La température de l'eau y est de 32 degrés. Un peu en amont, Sur la rive gauche, un cafetier, qui vendait aussi des provisions de bouche, s'est installé il y a dix ans ; son commerce a périclité ; du café, il ne reste plus que les fondations.

Force nous est donc de ne pas nous attarder davantage en ces lieux enchanteurs ; après un bain aux sources chaudes, nous reprenons, par Ain el Hout, le chemin de Tlemcen.

Emile Janier.

Publications : une bibliographie d'orientation

Contribution au vocabulaire et à la chrestomathie spécifique au bain maure à Tlemcen et dans le hawz. Le hammam, le trousseau et les équipements rituels

In Anthropologia ,2022, vol 8 , n° 02 pp.436 -467

Culture et littérature algériennes populaires à Tlemcen et à Ain El Hûts. Phraséologismes et pragmatèmes

Chisinau, Editions Muse,2022, 117 p

Les villages du hawz de Tlemcen : Ain El Hûts, Blède Eshorfa Wel M'rabtine

Chisinau, Editions Universitaires Européennes, 2022, 169 p

Dictionnaire biographique des Algériens du XIX° au XXI° siècle. Tome I

Chisinau, Editions Universitaires Européennes, 2022, 265 p

Dictionnaire du vocabulaire osmanli en Algérie. Mots entendus à Ain El Hûts, dans le hawz de Tlemcen

Chisinau, Noor Publishing, 2022, 113 p

Le pentaptyque de l'influence de Djem'iyats El ûlémas sur la population locale du hawz de Tlemcen : l'exemple d'Ain El Hûts.In Madjalet Rawafid li eddirassat wa el abhèts el 'ilmiya fi el' ûlûm el idjtsimaiya wa el insaniya, Vol 6 , n° 01, 2022 (numéro spécial) pp.833-864

Patrimoine intangible socioculturel immatériel local algérien : culture et littérature populaires à Tlemcen et Ain El Hûts

Sichinau, Editions Universitaires Européennes, 2022, 73 p

« La conviction du roi de la contrée. Un conte populaire du hawz de Tlemcen. » In Revista argelina, n°12, 2021, pp.127-138

Fatma pour les uns et Nessa pour les autres. Une femme, une épouse, une mère et une grand-mère. Chisinau (Maldovie), Generis Publishing, 2021, 93 p

Le caftan : éléments d'origine, d'histoire et de la fonction du costume traditionnel

(Nassira *Bekkouche et Mustafa Gnaw (Mustapha Guenaou) in Journal of Ethnographie and Folklore, 2021, n°1 -2, pp.181-194*

El Khamsa, la « main de Fatma »

Saint Denis, Edilivre, 2020,222 p

Le mausolée, un espace de la compétition du sacré et du profane. In Revue de l'Anthropologie des religions, n° 24, année 2019, pp.3-21

Reconnaissance et hommages aux femmes du 8 mars

Saint Denis, Edilivre, 2019,160 p

La tah-taha à Tlemcen et Ain El Hûts (Algérie). « Espace public et lieu d'éducation ludique ». In dafatsir , n°11, février 2018, pp.5- 21 (De la question de l'éducation en Algérie à l'ombre des défis actuels.)

Le hammam et la culture de la purification chez les femmes de la medina et de son hawz : le cas des rituels festifs familiaux à Tlemcen et Ain el Hûts.

In Studium (Saragoza , Espagne) , 2018, n° 24 , pp.145-170

Témoins et témoignages du XX° siècle. Un exemple Hadj Abdallah Boutaleb

Saint Denis, Edilivre, 2017,126 p

Tsashwisha, un rituel festif féminin dans le hawz de Tlemcen (Algérie).Souvenirs rapportés par un « trésor humain vivant », Fatima Zohra Bents El Hawari

Saint Denis, Edilivre, 2017,256 p

Société et jeunes couples à Tlemcen et son hawz : entre prescription et proscription alimentaires. In Studium, n° 22, 2016,pp.209-223

Documents d'histoire et de mémoire pour comprendre la célébration de la fête d'Ennayer au Maghreb. L'exemple des médina-s, du hawz de Tlemcen et des villes en Algérie.

Saint Denis, Edilivre, 2016,128 p. (co –auteure Fatima Guenaou)

Documents pour servir l'histoire et la mémoire locales :

l'exemple d'Ain El Hûts , blèd Esh Shorfa wa El m-rab-tine

Saint Denis, Edilivre, 2016,108 p (co –auteur)

Témoins d'histoire et de mémoire :

Le patrimoine culturel immatériel féminin au Maghreb. El Hawfi , les romances féminines du hawz de Tlemcen, rapportées par El 'Ammaria bent El Houari

Saint Denis, Edilivre, 2016,210 p

Pour la sauvegarde du Patrimoine culturel immatériel maghrébin.Les contes populaires de Lalla Khira Bent El Hadj Ahmed , dans le hawz de Tlemcen

Saint Denis, Edilivre, 2015,100 p

Témoins d'histoire et de mémoire. Pour socio anthropologie du patrimoine culturel immatériel festif : les rituels festifs à Tlemcen et 'Ain El Hûts

Editions Universitaires Européennes, 2015, 304 p.

« Anthropologie et symbolisme de la conception de l'enfant au Maghreb. L'exemple de la médina et du hawz de Tlemcen (Algérie) »

In Gabriale- Mariane Lucas & Jérôme Thomas, "Parent's Bodies, Children's Bodies. From Conception to First Educations", pp.119-142, Timisoara (Roumanie), 2013, 327 p

Ouvrage collectif. Les actes du colloque de 2011 sont parus sous format d'ouvrage électronique. Ils sont publiés par l'université de Timisoara. Voici le lien vers le site : http://www.umft.ro/carti-in-format-electronic--medicina-generala_184

« culture et famille à Tlemcen. L'usage d'un vocabulaire particulier aux relations familiales et à la parentèle »

(Actes du 4ième colloque national de sociologie. intitulé : « Le lien social en question : Qu'en savons-nous en Algérie ? Lien social dans l'histoire algérienne. Liens familiaux dans la tradition et l'actualité algériennes », département de sociologie, Université d'Alger, Alger, 6-7 novembre 2006) , Alger, Publication de la Faculté des Sciences Humaines et Sociales de l'Université d'Alger, 2009,. pp.57-70.

« Le sobriquet : une pratique et un phénomène socioculturels en Algérie. Le cas de Tlemcen et son Hawz. »

In Revue des Sciences Sociales n°1/2 , année 2006, pp73-97

Table des matières

Printed by Books on Demand GmbH, Norderstedt / Germany